ELISABETH WÖLFEL

RAUHNÄCHTE
Traumnächte

TRÄUME WAHR WERDEN LASSEN

WORKBOOK MIT NEUEN RITUALEN
FÜR DIE RAUHNÄCHTE

SILBERSCHNUR VERLAG

MIX
Papier | Fördert gute Waldnutzung
FSC® C004378

ISBN: 978-3-96933-089-0
1. Auflage 2024

Gestaltung & Satz: XPresentation, Güllesheim; unter Verwendung verschiedener Grafiken von Freepik.com: © bedneyimages; © freepik; © kjpargeter; © nuraghies; © pch.vector; © Racool_studio; © teksomolika; © wirestock | Pixabay.com: © Kerstin Riemer; © Michael Kleinsasser; © MichaelRaab; © Petra | Stock.Adobe.com: © elen_studio; © Iakov Kalinin | Shutterstock.com: © Leszek Glasner; © New Africa; © Nina Lishchuk

Umschlaggestaltung: XPresentation, Güllesheim; unter Verwendung eines Motivs von © Designed by Freepik, www.freepik.com

Druck: PB Tisk, a.s. Czech Republic

Verlag »Die Silberschnur« GmbH · Steinstr. 1 · 56593 Güllesheim

Inhalt

Ein Schiff liegt für dich bereit. Es schaukelt sanft in den Wellen.
Schau es dir genauer an. Nimm die Schönheit wahr.

Es ist dein Boot. Du musst nur den Anker lichten und kannst
deine Reise antreten. Fühl dich frei. Alles ist bereit.

Siehst du die Fußspuren im feuchten Sand?
Sie führen dich zum Boot.

Folge dem Ruf. Das kalte Wasser umspielt sanft deine Knöchel.
Es erdet dich, regt dein Blut an. Du fühlst dich frisch, befreit.

Die Luft ist geschwängert vom Salz des Meeres.
Es lässt dich atmen. Es befreit deine Lungen.
Das Salz reinigt nicht nur die Luft, es reinigt auch dich.
Es entspannt dich und spült alles Negative aus.

Der Blick wird weit. Die Seele ruhig. Nichts ist wichtig.
Die Gedanken schweifen. Lange darfst du einfach im Boot sitzen
und lauschen. Solange du willst, solange du dich wohlfühlst.
Die Zeit bleibt stehen.

BEGIB DICH AUF DEINE REISE.
VERTRAUE. ENTDECKE DEINE TALENTE
UND FREUE DICH AUF DIE FÜLLE DES LEBENS.

Vorwort

Zum Ende des Jahres werden 12 Nächte als Rauhnächte gefeiert. Rau wie wild oder Rauchnächte, vom altdeutschen Wort "Ruch" für Pelzwaren oder haarige Wesen, die sich in den Nächten als Dämonen durch die Welten bewegen. Andere sagen, der Name wurde vom Rauch abgeleitet, denn geräuchert wurde in dieser Zeit täglich. Dieser Brauch wurde allerdings nur mündlich überliefert und variiert daher je nach Region und Erzählung stark. Es ranken sich ohnehin zahlreiche Mythen um die Rauhnächte. Es wird von der wilden Jagd berichtet, in der Frau Holle und Odin, die beide die Unterwelt symbolisieren, gemeinsam durch die Welt ziehen. Wäsche soll man nicht waschen und schon gar nicht aufhängen, denn es heißt, dass sich die wilde Jagd darin verfangen kann oder Odin die gewaschenen Laken als Leichentücher im kommenden Jahr nutzt. In der heutigen Zeit ist das schwierig umzusetzen, vor allem mit kleinen Kindern – doch geht es wirklich um das Waschen oder vielmehr um eine zeitaufwendige Arbeit, die eine Innenschau verhindert? Viele haben in dieser Zeit zwischen den Jahren immerhin frei und müssen nicht ihrer alltäglichen Arbeit nachgehen.

Der Ursprung der Rauhnächte liegt im keltischen Jahreskreis. Das Sonnenjahr und das Mondjahr unterscheiden sich um 12 Tage: Wenn der Mond bereits 12 Mal um die Erde gewandert ist, benötigt die Erde noch 12 Tage länger, um die Sonne zu umkreisen. Diese 12 Tage wurden als Schalttage eingefügt und waren sozusagen außerhalb der Zeit, die Menschen glaubten, dass dadurch ein Tor zur Anderswelt geöffnet ist. Dämonen und andere Geisterwesen hatten in dieser Zeit, so sagte man, besonders viel Macht, und so werden sie bis heute an Silvester mit Lärm vertrieben. Auch der Perchtenlauf, der in einigen Teilen Österreichs und Bayerns gefeiert wird, soll durch Lärm und wundervoll geschnitzte Fratzen Böses vertreiben. In keiner anderen Zeit des Jahres liegen Aberglaube und Brauchtum so nahe beieinander ... Durch das Räuchern in den eigenen vier Wänden kann ebenfalls Böses weichen und den Platz für Gutes freigeben – ein wunderschönes Ritual, das gerade nach den hektischen Zeiten vor Weihnachten, zum Loslassen des alten Jahres und als Vorbereitung auf das kommende Jahr einen Rahmen bietet. Es sorgt für Ruhe sowie Geborgenheit und hat etwas Mystisches, Magisches an sich.

Der genaue Startpunkt der Rauhnächte ist je nach Region verschieden. Die einen beginnen diese Nächte zur Wintersonnenwende am 21.12., also dann, wenn die Tage wieder länger werden und das Licht zur Erde zurückkehrt, was der keltischen Mythologie entspricht. Andere beginnen am ersten Weihnachtsfeiertag und enden am 5. Januar. Sie nehmen demnach die letzten 6 Tage des alten Jahres und die ersten 6 des neuen Jahres, was dem Christentum entspricht.

In früheren Zeiten haben die Menschen ihren Träumen noch größere Mächte zugeschrieben als es in unserer digitalen Welt der Fall ist. Träume sind ein Tor zu unserem Unterbewussten, sie zeigen an, wenn uns etwas belastet, wo unsere Sehnsüchte liegen, und manchmal sind sie ein Wegweiser, um uns unsere Wünsche bewusster zu machen. Die Rauhnächte geben uns die Möglichkeit, uns wieder mit unseren Träumen zu verbinden. Sicher, nicht alle Träume sind schön, manche lösen Angst aus, manche Ekel oder sogar Wut, und in dieser Zeit erleben viele ihre Träume intensiver, hier geht es darum, uns auch mit unseren Schattenthemen zu beschäftigen. Darüber hinaus sollen die Träume während der Rauhnächte eine besondere Kraft haben: Es heißt, dass sich die 12 Träume der Rauhnächte in den kommenden 12 Monaten erfüllen werden. So legen sich einige ein Traumtagebuch an, schreiben ihre Träume und Gedanken nieder und nehmen es von Zeit zu Zeit im kommenden Jahr zur Hand, um zu überprüfen, was sich erfüllt hat oder was vielleicht noch besser geworden ist als erträumt.

Um die Rauhnächte zu begehen, benötigt man nicht viel, ein kleines Ritual am Abend kann einfach gestaltet werden. Wenn man möchte, legt man eine Räuchermischung auf oder entzündet eine Kerze und beginnt eine kleine Meditation zum Thema der Rauhnächte. Die Gedanken, die während der Meditation vorbeiziehen, kann man in ein kleines Büchlein niederschreiben. Wenn es einem gefällt, kann man Orakelkarten ziehen und auch diese im Büchlein notieren. Am Ende der Rauhnächte nimmt man das Büchlein noch einmal zur Hand und lässt seine Gedanken Revue passieren.

Was man von dem alten Brauch übernehmen möchte, bleibt jedem selbst überlassen. Im Grunde geht es um die eigene Innenschau, um die eigenen Gedanken und die eigenen Dämonen. Es geht darum, zur Ruhe zu kommen, Klarheit über die eigenen Wünsche und Visionen zu erhalten, loszulassen und zu vertrauen. Sich bewusst Zeit zu nehmen, zu reflektieren und Kraft zu tanken ist das größte Geschenk der Rauhnächte. Ein Geschenk, das in unserer modernen und schnelllebigen Hightech-Welt immer wichtiger wird.

In den Rauhnächten wird ein ganzer Jahreszyklus zelebriert, weshalb sich auch die Einflüsse der Sternzeichen, Planeten und Elemente den einzelnen Tagen der Rauhnächte zuordnen lassen. Auch sie helfen auf der Reise zu sich selbst.

Achte während dieser Zeit darauf, ausreichend zu trinken, natürlich ist hier ausschließlich Wasser und Tee gemeint. Durch einen guten Wasserhaushalt fließen die Energien besser und du fühlst dich belebt. Mach es dir zum Beispiel mit einem feinen Tee wie dem "Sonnengruß" gemütlich, der selbst die frostigste Rauhnacht erhellt. Außerdem wärmt uns Tee, stärkt von innen und hat Auswirkungen auf unser geistiges, körperliches und seelisches Wohlbefinden. Allerdings sollten sich die Teesorten immer

Sonnengruß - Kräutertee
Erfrischt und weckt die Lebenslust.
Hilft, Ziele voranzutreiben.
Fördert die Konzentration und
beflügelt den Geist.
2 Teile Zitronenverbene
1 Teil Pfefferminze
1/2 Teil Ringelblumenblüten
Maximal 10 Minuten ziehen lassen.

wieder abwechseln. Kräutertee sollte allgemein nicht länger als an vier aufeinanderfolgenden Wochen getrunken werden. Nach dieser Zeit folgt eine sechswöchige Pause. Entzünde eine Kerze und genieße die Stille oder gehe in die Meditation. Zum Abschluss löschst du die Kerze mit einem Wort, das dir gerade in den Sinn kommt, zum Beispiel Friede, Liebe, Zuversicht oder einfach nur ein Danke.

Sonnengruß

KRÄUTERTEE AUS ZITRONENVERBENE, PFEFFERMINZE UND RINGELBLUMENBLÜTEN

Die Hauptnote bildet die Zitronenverbene, hier nimmst du doppelt so viel wie von der Pfefferminze. Die Pfefferminze hat einen kräftigen Geschmack, beachte daher, dass du die Ziehzeit von maximal 10 Minuten nicht überschreitest. Die Ringelblume bringt Farbe in die Mischung, nimm hier nur halb so viel wie von der Pfefferminze.

2 Teile Zitronenverbene, 1 Teil Pfefferminze, ½ Teil Ringelblumenblüten

Der herrlich zitronige Duft der Zitronenverbene erfrischt, weckt die Lebenslust und hilft dir, deine Ziele voranzutreiben. Die Minze gehört zu den beliebtesten Teekräutern. Ihr Duft fördert die Konzentration. Pfefferminze steht für Offenheit und ist ein Symbol der Gastfreundschaft. Die Blüten der Ringelblumen sind eine wahre Freude fürs Auge. Die leuchtend orange Farbe bringt gute Laune, und die Ringelblume beflügelt den Geist. Ihre Blüten folgen dem Sonnenlauf und sagen dir:

DIE SONNE LACHT JEDEN TAG. SIE IST AUCH DA, WENN DU NUR DUNKLE WOLKEN SIEHST. DIE SONNE SCHICKT DIR EINEN GRUSS UND WÄRMT DEIN HERZ.

Das Ritual der 13 Wünsche

Zur Einstimmung auf die Rauhnächte werden 13 Wünsche für das kommende Jahr auf kleine Zettelchen geschrieben. Die Gedanken kreisen um das, was war, und um das, was kommen wird oder kommen soll.

Die Wünsche sollten positiv formuliert sein und von Herzen kommen. Es geht dabei nicht darum, möglichst viel zu bekommen. Man kann sich aber durchaus wünschen, gut in der Schule oder in der Arbeit zu sein, die richtigen Freunde zu haben, einen Partner fürs Leben zu finden oder auch für andere einen Wunsch aussprechen, beispielsweise dass es auf der Erde friedlicher wird oder dass achtsamer mit der Natur umgegangen wird.

Die Zettelchen werden gefaltet und in einer kleinen Schale aufbewahrt. Jeden Abend wird nun ein Zettelchen verbrannt, ohne dabei den Wunsch zu lesen. Durch das Verbrennen wird das Aufsteigen des Wunsches symbolisiert, der Wunsch wird losgelassen und darf sich im kommenden Jahr erfüllen. Doch am Ende der Rauhnächte bleibt ein Zettel übrig: Es ist der Wunsch, für den man selbst verantwortlich ist.

Das Ritual der Wünsche ist auch für Kinder gut geeignet. Hier einige Anregungen:

An das erinnere ich mich besonders gern:

Das wollte ich schon immer haben, weil ...

Wenn ich traurig bin, finde ich Trost durch ...

Das macht mich richtig glücklich:

So verbringe ich am liebsten meine Zeit:

Das wünsche ich mir für andere:

Meine 13 Wünsche:

1

2

3

4

5

6

Mein Leben ist erfüllt.

Meine Wünsche sind wichtig.

Lausche deinen Träumen
und Wünschen,
sie kennen das Ziel.

7

8

9

10

11

12

13

Erdung

DIE ERDE SYMBOLISIERT FRUCHTBARKEIT UND LEBEN, SICHERHEIT UND BODENSTÄNDIGKEIT, STABILITÄT UND URVERTRAUEN.

Unsere Heimat. Ein Planet. Weit über vier Milliarden Jahre alt und das Zuhause von fast acht Milliarden Menschen. Die oberste Schicht der Erdkruste ist ein Gemisch aus verwittertem Gestein, organischen Substanzen und Mineralien und bildet die Grundlage unserer Nahrung. Um gesund zu wachsen, benötigen Pflanzen eine für sie optimale Erde. Ein hoher Sandanteil im Boden lässt das Wasser sehr schnell abfließen, bei einem lehmhaltigen Boden bleibt das Wasser stehen. Ideal für die meisten Pflanzen ist daher eine gute Mischung aus Sand, Lehm und Humus. Auch wir benötigen eine gesunde Mischung aus Dingen, die unser Leben nähren und uns Festigkeit geben. Wir müssen Wurzeln schlagen, um den Boden unter den Füßen nicht zu verlieren.

NIEMAND KANN SICH SEINE WURZELN AUSSUCHEN, ENTSCHEIDEND IST, WAS DARAUS ENTSTEHT.

Wenn wir uns in der Natur bewegen und aufatmen, beobachten, verbinden wir uns mit der Erde. Egal, ob wir gern am Bach sitzen und ins Wasser schauen, in den Bergen wandern oder den Wellen des Meeres lauschen. Wenn wir der Stille begegnen, können wir uns finden, sie lässt uns das Glück und die Liebe spüren. Manchmal muss man es nur erkennen …

1. Rauhnacht

JANUAR

IN DER ERSTEN RAUHNACHT WIRD DER AHNEN GEDACHT.

Es geht um die eigenen Wurzeln, wie verbunden man ist, wo die eigenen Ursprünge liegen. Auch an Mutter Natur sollte man heute denken, so kann man den Wildtieren Futter bringen.

Wenn man mit Kindern die Rauhnächte begehen möchte, ist eine Schatzsuche bei einem Spaziergang besonders aufregend. Der Schatz kann alles Mögliche sein, ein besonderer Stein, ein Zapfen oder ein Stück Harz von den Bäumen, man nimmt es mit nach Hause und bewahrt es in einem hübschen Kästchen auf.

Diese Nacht wird dem Monat Januar des kommenden Jahres zugeordnet. In der römischen Mythologie ist dieser Monat dem Gott Janus gewidmet, er steht für Anfang und Ende.

Das Erdzeichen Steinbock und der Planet Saturn, die den Januar regieren, erinnern an Vernunft und Strenge, an Fleiß und Regeln.

Mögliche Bestandteile einer Räuchermischung könnten Wacholder, Johanniskraut, Schafgarbe, Salbei und Rosmarin sein.

Das habe ich heute erlebt:

Diesen Schatz habe ich gewählt, weil …

Davon habe ich in der Nacht oder während der Meditation geträumt:

Diese Gefühle verbinde ich mit diesem Traum:

Notizen im Januar

Ich bin wertvoll.
Ich werde geliebt.

2. Rauhnacht

FEBRUAR

IN DER ZWEITEN RAUHNACHT GEHT ES UM DAS SELBST, UM DIE EIGENE KRAFT UND DEN EIGENEN SCHUTZ.

Eine Meditation kann Aufschluss darüber geben, was in der kommenden Zeit wichtig ist, und ein kleines Schutzsymbol kann daran erinnern, dass man beschützt ist. Es soll auch im kommenden Jahr Kraft schenken und ein Schlüssel sein, um zu sich selbst zu finden.

Diese Nacht gibt der inneren Stimme Raum und ermöglicht es uns, wieder in Verbindung mit uns selbst zu treten.

Durch eine stille Meditation kann der inneren Stimme gelauscht werden. Wer möchte, kann im Anschluss wie beim automatischen Schreiben alles aufschreiben, was ihm in den Sinn kommt. Wer das noch nie gemacht hat und nur wenig mit der Hand schreibt, braucht vielleicht ein wenig, um in die Übung zu kommen, aber es ist doch erstaunlich, was sich auf diese Weise zeigt.

Der Monat Februar ist der kürzeste Monat des Jahres, er leitet sich vom lateinischen Wort *februare* ab, was so viel wie "reinigen" bedeutet. Daher ist es nicht verwunderlich, dass der Beginn der Fastenzeit nach Fasching ebenfalls in den Februar fällt.

Diese Nacht entspricht dem Luftzeichen Wassermann sowie dem Planeten Uranus, deren Energie die der Eigenverantwortung, des Bewusstseins sowie der Freiheit ist.

Mögliche Bestandteile einer Räuchermischung sind Salbei, Rose, Lavendel, Mädesüß und Fichtenharz.

Das habe ich heute erlebt:

Mein Schutzsymbol sieht so aus:

2

Davon habe ich in der Nacht
oder während der Meditation geträumt:

Diese Gefühle verbinde ich mit diesem Traum:

Notizen im Februar

Ich bin geborgen und beschützt. Das Leben meint es gut mit mir.

Quell der Schönheit

Der kleine Regentropfen ist vom Himmel gefallen und hat die Erde durchdrungen. Viele Gesteinsschichten musste er hinter sich lassen. Unaufhaltsam. Lange hat es gedauert. Aus den Tiefen steigt er nun wieder empor und bahnt sich seinen Weg. Die kleine Quelle befördert viel Wertvolles ans Licht. Sie trägt Mineralien mit sich, sogar Goldpartikel, die im Laufe der Zeit aus den unteren Schichten ausgewaschen wurden. Unschuldig und rein plätschert sie dahin. Das Wasser formt den Stein. Hinterlässt Spuren. So viel Kraft hat es. Als kleines Bächlein spendet es Leben, als reißender Fluss nimmt es alles mit, was sich ihm in den Weg stellt. Am Ende fließt es ins Meer. Füllt die Unendlichkeit des Ozeans, um sich zu wandeln und neu zu beginnen.

Um den Ursprung zu finden, kannst du nicht dem Strom folgen. Du wirst höher steigen und dem Bachlauf entgegenlaufen müssen. Wenn die Quelle versiegt, wird auch das Wasser aufhören zu fließen. Ein paar Pfützen bleiben noch stehen, aber mit der Zeit trocknet die Sonne auch die letzten Reste aus. – Auch du trägst eine Quelle in dir. Entscheide selbst, wie du sie speisen möchtest.

3. Rauhnacht

MÄRZ

DIE DRITTE DER RAUHNÄCHTE IST DEM HERZEN GEWIDMET.
Dankbarkeit fühlen und Vergebung sind die wichtigen Stichpunkte in dieser Nacht. So kann man aufschreiben, für was man in diesem Jahr besonders dankbar war, was einen begeistert hat und wer einem besonders geholfen hat. Auch, ob man jemandem vergeben kann oder was einen verletzt hat. Es geht darum, wieder Platz zu schaffen im Herzen, Groll loszulassen und sich neuen Erfahrungen zu öffnen, neue Freundschaften entstehen zu lassen. Diese Nacht gibt auch einen Einblick auf die Lebensaufgabe: Für was brennt das Herz, was schenkt Freude?

Die dritte Rauhnacht ist dem Monat März zugeordnet. Der Frühling beginnt. Das Wasserzeichen Fische sowie der Planet Neptun lassen ihre Energien einfließen, beide stehen für Sehnsüchte, Mitgefühl und spirituelles Handeln.

Ein kleines Ritual zum Abschalten

Wähle wohltuende, beruhigende Musik aus, die du während deines Bettgehrituals im Hintergrund laufen lassen kannst. Bereite dir eine Tasse Tee zu, aber achte darauf, dass dieser kein Koffein enthält; setze stattdessen auf eine beruhigende Kräutermischung, beispielsweise mit Kamille oder Lavendel, wie im nachfolgenden Teerezept.

Während der Tee zieht, kannst du sanfte Bewegungen ausführen, die an Qigong erinnern. Hierbei stellst du dich in den Raum und stellst dir vor, dass du eine große Energiekugel in den Händen hältst. Nimm deine Hände nach oben, ziehe die Energiekugel bis vor

Mondlandung - Kräutertee

Manchmal tut eine Tasse
"Mondlandung" einfach gut,
und du machst alles möglich.

2 Teile	Zitronenverbene
1 Teil	roter Basilikum
1/2 Teil	Lavendel

Maximal 10 Minuten ziehen lassen.

deine Brust und drücke sie im Anschluss von dir nach vorne weg. Hole dir die Energiekugel nun von einer Seite bis zur Brust und drücke sie in den Boden. Wiederhole die Übungen, bis du Ruhe empfindest. Versuche die Übungen auch abwechselnd mit einer Hand, oder überlege dir intuitiv eigene Bewegungen und lasse diese mit einfließen.

Nun sollte dein Tee fertig sein. Genieße bewusst deine Tasse Tee, nichts ist im Moment wichtig. Lausche der Musik. Versuche, tief ein- und auszuatmen.

Vielleicht möchtest du auch deine Gedanken niederschreiben. Durch das Schreiben kannst du sie loslassen und sie werden dich beim Träumen nicht mehr stören. Nimm dir so viel Zeit, wie du dazu brauchst. Geh dann ins Bad, um deinen Körper zu pflegen, und danach direkt ins Bett. Schlaf schön, gute Nacht.

Mondlandung

KRÄUTERTEE AUS ROTEM BASILIKUM, LAVENDEL UND ZITRONENVERBENE

2 Teile Zitronenverbene, 1 Teil roter Basilikum, ½ Teil Lavendel

Zugegeben, ein ungewöhnlicher Bestandteil ist roter Basilikum schon im Tee. Und dennoch passt er hervorragend zum Zitronenaroma der Zitronenverbene und der blumigen Note des Lavendels. Es genügt, nur wenig Basilikum zu nehmen.

Roter Basilikum wirkt sich positiv auf unsere Verdauung aus. Auch wenn man einfach nicht in den Schlaf findet oder eine innere Unruhe verspürt, kann der Basilikum helfen. Basilikum dient dem Kopf und klärt die Gedanken. Er steht für Reichtum, Lebensfreude und Glück.

Lavendel bringt die Schönheit und den Duft der Blüten in den Tee. In der Sprache der Blumen steht der Lavendel für Schutz und Stille. Die entspannende Wirkung tut Körper und Geist gut.

Der frische Duft der Zitronenverbene bringt Dynamik in den Alltag, gerade am Nachmittag setzt dieses Kraut neue Energien frei. Zitronenverbene schenkt neuen Mut und beruhigt den Geist.

Manchmal tut eine Tasse "Mondlandung" einfach gut, und du machst alles möglich.

KANNST DU DIR VORSTELLEN, ZUM MOND ZU FLIEGEN? SO WEIT IN DIE STILLE DES UNIVERSUMS ... DER HEKTIK DES ALLTAGS ENTFLIEHEN ... EINEN RÜCKZUGSORT SCHAFFEN ... NEUE KRAFT TANKEN ...

Wacholder, Melisse, Mädesüß, Rosenblüten und Lavendel können im Räucherwerk verwendet werden.

Das habe ich heute erlebt:

Für das möchte ich danken:

3

Davon habe ich in der Nacht oder während der Meditation geträumt:

Diese Gefühle verbinde ich mit diesem Traum:

Notizen im März

4. Rauhnacht

APRIL

DIE VIERTE RAUHNACHT STEHT IM ZEICHEN DER VERÄNDERUNG.
Es geht darum, sich bewusst zu machen, was man an sich oder im Leben verändern möchte. Welche Gewohnheiten einem nicht dienlich sind und wie es wäre, wenn man diese auflöst. Es könnte helfen, diese aufzuschreiben und den Zettel zu verbrennen. Bei einem Spaziergang kann man die Asche der Natur übergeben und dafür einen Schatz der Natur mitnehmen. Dieser Schatz soll einen an das Loslassen erinnern und an den Wunsch, etwas zu verändern.

Diese Rauhnacht steht für den April des kommenden Jahres. Die Natur beginnt zu erwachen, und auch wir werden wieder aktiver, verbringen vermehrt Zeit draußen und haben neue Kraft. Das Feuerzeichen Widder sowie der Planet Mars bringen Durchsetzungskraft, Zuversicht und Aktivität in diese Nacht mit ein.

Mögliches Räucherwerk: Salbei.

Das habe ich heute erlebt:

Ich vertraue darauf, dass Veränderungen mir helfen, mein Leben glücklich und erfüllt zu leben. Ich habe die Kraft dazu und vertraue.

Das möchte ich ändern:

4

Davon habe ich in der Nacht oder während der Meditation geträumt:

Diese Gefühle verbinde ich mit diesem Traum:

Notizen im April

Der verborgene Schatz

Was ist wertvoll? Ist es das Gold, das tief unter der Erde liegt und die Welt mit seinen Adern durchzieht? Oder die Kohle, die dem Druck standhielt und im Lauf der Zeit zum Diamanten wurde? Der Wert zeigt sich erst, wenn Licht darauf fällt. Tief vergraben nützt es niemandem, wertlos ist es dennoch nicht. Aber wenn das Licht auf den Schatz fällt, beginnt er zu glänzen. Das Licht spiegelt sich, wird reflektiert und der Wert wird für jeden sichtbar.

In dir ist auch viel Wertvolles, das an die Oberfläche will. So wie die Goldadern die Erde, so durchziehen auch deine Talente dein Sein. Und manchmal, wenn du dem Druck kaum standhältst, entsteht ein Diamant, ein neuer Teil, der stärker ist als alles zuvor. Krisen bringen solche Diamanten hervor, auch wenn sie manchmal noch etwas geschliffen werden müssen, damit man die Reinheit besser erkennt.

Ein tief vergrabener Schatz nützt den wenigsten etwas. Doch ihn freizulegen, bedeutet harte Arbeit … die sich lohnt, denn das Licht wird ihn zum Strahlen bringen, egal ob für dich allein oder für viele. Den Wert jedoch bestimmst du selbst. Und du selbst musst entscheiden, wie viel des Schatzes du zu Tage förderst und wie viel davon du anderen zeigst. Das ist das Geheimnis des Erfolgs. Nur wenn du deinen eigenen Wert erkennst, kannst du den Erfolg finden. Nur was du im Inneren bereits gefunden hast, kannst du auch nach außen tragen, und es wird für andere sichtbar. Du bestimmst den Sinn deiner Arbeit und damit deren Wert. Du bist wertVOLL … Du bist erfolgREICH!

5. Rauhnacht

MAI

IN DER FÜNFTEN RAUHNACHT GEHT ES UM DIE ANERKENNUNG.
Welche Ziele hat man erreicht? Ist man gut zu sich und erkennt die erbrachten Leistungen? Kann man sein Leben genießen? Welches Hobby oder welche Aktivität übt man bereits aus, die einem Energie zurückgibt? Ob nun Lesen, Malen, Sport, Wandern, Nähen, Fotografieren, wann hat man das letzte Mal volle Kraft daraus schöpfen können? Oder gibt es etwas, auf das man neugierig ist und das man unbedingt machen möchte? Vielleicht ist die fünfte Rauhnacht der ideale Zeitpunkt, seine Hobbys neu auszurichten, seine Gesundheit in den Vordergrund zu rücken und wieder mit Leidenschaft an Dinge heranzugehen.

Diese fünfte Rauhnacht ist dem Monat Mai zugeordnet. Ein Wonnemonat, der mit Genuss und Fruchtbarkeit assoziiert wird und von dem Erdzeichen Stier sowie dem Planeten Venus beherrscht wird. Er steht für Genuss und Besitz, für einen eigenen Lebensstil sowie für Sicherheit und Stabilität.

Mögliche Bestandteile einer Räuchermischung:
Tannenharz, Rose, Mistel.

Ich bin großartig. Ich bin es wert, glücklich zu sein. Meine Talente sind wundervoll und wichtig für die Welt.

5

Das habe ich heute erlebt:

Auf das bin ich richtig stolz:

Das möchte ich machen,
um Kraft zu tanken:

Davon habe ich in der Nacht
oder während der Meditation geträumt:

Diese Gefühle verbinde ich mit diesem Traum:

Notizen im Mai

5

Tipp: *Im Mai kann begonnen werden, Salbei, Melisse, Rose, Holunderblüten, Rosmarin und Zitronenverbene zu ernten und zu trocknen. Die Kräuter können für die nächsten Rauhnachtsräucherungen oder für leckere Teerezepturen verwendet werden. Melisse und Rosenblüten sollten dabei am frühen Morgen geerntet werden, dann enthalten sie die meisten ätherischen Öle.*

Im Einklang

Ein wenig Zeit für sich selbst zu haben, die eigenen Fähigkeiten zu entdecken, glücklich zu sein und sich dabei selbst zu finden, das sind die großen Ziele vieler moderner Menschen. Doch wo beginnt man zu suchen? **WO IST DIE PERSON, DIE MAN IST ODER WERDEN KANN?** Den Weg zum Ich kann niemand beschreiben. Jeder muss ihn alleine gehen. Dabei können sich Umwege als Abkürzungen erweisen und breite Straßen als Sackgassen.

NEUE WEGE FINDET MAN MEIST ABSEITS DES TRUBELS.
Eine gute Technik, um zur Ruhe zu kommen und neue Kraft zu tanken, ist die Meditation. Das lateinische Wort *meditari* bedeutet nachdenken, nachsinnen, überlegen, die Mitte finden. Negative Gedanken lösen sich. Selbstbewusstsein und Konzentrationsfähigkeit werden gefördert. Musik kann den Effekt verstärken, beispielsweise Klangschalen, binaurale Beats, harmonische Klänge oder weißes Rauschen.

Meditation kann überall stattfinden, doch du solltest dich an dem Ort wohlfühlen. Du kannst sitzen, liegen oder stehen, so wie es dir am besten gefällt. **ES GEHT NICHT DARUM, EINE PERFEKTE KÖRPERHALTUNG ZU ENTWICKELN, SONDERN SICH SEINER SELBST BEWUSST ZU WERDEN.** Konzentriere dich auf deinen Atem. Sobald Gedanken wiederkehren, was ganz normal ist, schaue sie kurz an, akzeptiere sie, ohne zu werten, schiebe sie sachte beiseite und komme wieder zurück zu deinem Atem. Nicht zu denken ist unmöglich, es ist wie beim rosa Elefanten, den man sicher im Kopf hat, wenn man unbedingt nicht an ihn denken soll. Allerdings kann es hilfreich sein, zu Beginn einen kurzen Meditationstext zu lesen. Dadurch haben die Gedanken einen Anker und können zurückkehren, während der Geist neue Kraft schöpft.

Mit der Zeit fällt es immer leichter, ins Nichts einzutauchen. Doch wird es immer wieder Situationen und Tage geben, an denen die Meditation schwerer fällt. Unruhe breitet sich aus. Auch das ist vollkommen in Ordnung. **AKZEPTIERE DICH, DEINEN KÖRPER, DEINE GEDANKEN, DEINE GRENZEN.** Weite die Akzeptanz dann auf deine Umgebung aus. Beginne bei den Menschen, die dir am nächsten stehen, und ziehe immer weitere Kreise.

6. Rauhnacht

JUNI

DAS THEMA DER SECHSTEN RAUHNACHT IST DANKBARKEIT.

Eine Rückschau auf Ereignisse, die einen vorangebracht haben. Dabei geht es aber nicht nur um positive Erlebnisse, man sollte auch in die verletzenden Gegebenheiten eintauchen und fühlen, für was sie gut waren, und diese dankbar loslassen. Welche Möglichkeiten hat eine Krise eröffnet und welche Geschehnisse darf man nun hinter sich lassen? Die Gedanken hierzu kann man aufschreiben und zusammen mit einer Räuchermischung dem Feuer übergeben. Dadurch wird symbolisch losgelassen, um Platz zu machen für neue Lernaufgaben und inneres Wachstum. Ein guter Tag, um auch im Haus Ordnung zu schaffen.

Diese Rauhnacht ist dem Monat Juni zugeordnet, ein Monat, der zur Geselligkeit (draußen) einlädt. Das vorherrschende Zeichen ist das Luftzeichen Zwillinge und mit ihm der Planet Merkur, der für Kommunikation, Bewegung und Neugier steht.

Im Räucherwerk können Harze, Verbene und Salbei verwendet werden.

Das habe ich heute erlebt:

Wenn ich das tue, geht mir das Herz auf:

Davon habe ich in der Nacht oder während der Meditation geträumt:

Diese Gefühle verbinde ich mit diesem Traum:

Notizen im Juni

Tipp: Im Juni kann begonnen werden, Lindenblüten, Johanniskraut, Schafgarbe, Mädesüß und Beifuß zu sammeln.

7. Rauhnacht

JULI

DIE SIEBTE RAUHNACHT IST EINE VORBEREITUNG AUF DAS, WAS KOMMT.

Ein Salzpeeling oder ein Bad im Salzwasser wirkt reinigend und könnte an diesem Tag zelebriert werden. Vielleicht formt sich bereits eine Vorstellung, was das neue Jahr bringen könnte … In der Veränderung liegt die Möglichkeit, neu zu beginnen. Manche ziehen auch eine Orakelkarte, lesen den Kaffeesatz oder gießen Wachs, um sich klar zu werden, in welche Richtung sich die Veränderung bewegen könnte.

Diese Nacht ist dem Monat Juli gewidmet, in dem die Tage beginnen, wieder kürzer zu werden. Das Wasserzeichen Krebs sowie der Mond geben ihre Energie für diese Rauhnacht, sie stehen für Heimat und Familie, für die Natur und die Weiblichkeit.

Ein reinigendes Salzpeeling (siehe Rezept S. 53) unterstützt den Prozess des Loslassens spürbar. Es entfernt abgestorbene Hautschüppchen, das Salz reinigt porentief und fördert die Durchblutung, während die Öle die Hautbarriere pflegen – am besten eignet sich hierfür Mandelöl, es ist besonders leicht und verstopft die Poren nicht. Milchprodukte spenden Feuchtigkeit, und Honig ist die Geheimzutat, ein natürliches Schönheitselixier, das die Hauterneuerung fördert.

Räuchermischung: Verbene, Zimt, Melisse und Beifuß

Befreiendes Salzpeeling

30 gr Salz

50 ml Öl

optional 1 El Joghurt oder Quark

1 TL Honig

Wer mag, schmeichelt der Nase und mischt noch zwei Tropfen ätherisches Öl unter.

Das habe ich heute erlebt:

Ich
bin bereit,
meinen Weg
zu gehen.

So stelle ich mir meine Zukunft vor:

Davon habe ich in der Nacht oder während der Meditation geträumt:

Diese Gefühle verbinde ich mit diesem Traum:

Notizen im Juli

Tipp: Im Juli kann begonnen werden, Lavendelblüten zu sammeln.

Windkraft

Der Wind zieht lautstark durch die Gassen. Rüttelt an den Jalousien.
Reißt Türen auf, die nicht verschlossen sind.

Neugierig geht er seines Weges. Pfeift seine eigene schaurige Melodie. Hebt auf, was so mancher nicht mehr will. Blätter wirbeln durch die Luft. Mürrisch peitscht er den Regen durchs Land. Wie ein Trommelwirbel fliegen die Tropfen gegen die Fensterscheiben. Seine Macht ist groß. Kein Schirm hält ihn ab, kein Baum hält ihm stand. In seiner Wut zerstört er, was ihm in den Weg kommt. Aufbrausend zeigt er jede Schwachstelle. Doch kann er auch ganz anders.

Friedlich. Zärtlich. Sanft.
Er trägt den Samen durch die Welt, freut sich, wenn alles blüht. Dann tanzt er durch die Blumenwiesen und pustet die Schirmchen vom Löwenzahn. Er schiebt die Wolken weiter, damit die Sonne lacht und woanders Regen fällt.

Die Vögel geben sich ihm hin. Vertrauen ihm beim Fliegen.

Er hat schon so viel gesehen. Kennt alle Ecken dieser Erde.
Doch er wird dabei nicht müde.

8. Rauhnacht

AUGUST

DIE ACHTE RAUHNACHT VERKÖRPERT DIE LEBENSFREUDE.
An diesem Tag sollte man einfach Spaß haben und das Leben genießen. Vielleicht hält auch dieser Tag einen Schatz bereit, ein Symbol für die Freude am Leben. Ein kleines Zeichen, das man in schweren Zeiten zur Hand nehmen kann, um sich zu erinnern, wie freudvoll das Leben ist.

Diese Nacht ist dem Monat August gewidmet. Die Sonne strahlt in diesem Monat besonders kräftig, es ist Ferienzeit. Astrologisch gesehen sind das Feuerzeichen Löwe und mit ihm die Sonne die tragenden Energien. Sie stehen für Vitalität, Kreativität, Power und Großzügigkeit.

Kraftschub

KRÄUTERTEE AUS MELISSE, BRENNNESSEL UND KIWI

Wer einen Dörrautomaten zu Hause hat, kann Kiwi in Scheiben schneiden und dörren. Im Backofen geht das natürlich auch, die Backofentür dabei einen Spalt offen lassen und die Kiwischeiben für mehrere Stunden bei 70 Grad dörren. Alternativ kann man auch frische Apfelschalen in den Tee geben.

Kraftschub – Kräutertee

Erfreut das Herz und beruhigt. Entschlackt den Körper, regt den Stoffwechsel an und stärkt die Nerven.

2 Teile	Melisse
1 Teil	Brennnessel
1/2 Teil	Kiwi

Maximal 10 Minuten ziehen lassen.

2 Teile Melisse, 1 Teil Brennnessel,
½ Teil Kiwi

Der zarte, zitronige Duft der Melisse erfreut das Herz, sogar gegen Liebeskummer soll sie helfen. Sie beruhigt uns und kann uns Ängste nehmen. Außerdem hat sie eine positive Wirkung auf die Magen-Darm-Funktion.

Die Brennnessel wirkt entwässernd, wodurch der Körper entschlacken kann. Das Feuer der Brennnessel kann auch in uns ein Feuer entfachen.

Die Kiwi regt den Stoffwechsel an und stärkt die Nerven. In den Früchten steckt die größte Energie der Pflanze.

Achte deinen Körper. Erhöhe deine Leistung. Reduziere deinen Stress.

Räucherwerk: Orangenschalen, Tannennadeln, Rosen, Melisse, Kornblume und Holunderblüten.

8

Das habe ich heute erlebt:

Das macht mir Spaß:

Das gibt mir Kraft:

Davon habe ich in der Nacht
oder während der Meditation geträumt:

Diese Gefühle verbinde ich mit diesem Traum:

Notizen im August

Die Nahrung des Feuers

Wenn du am Feuer sitzt und die Flammen beobachtest, bist du ganz bei dir. Deine Seele wärmt sich und dein inneres Feuer wird genährt. Es reinigt deine Gedanken und verleiht dir neuen Mut und neue Kraft. Nur noch selten können wir die offenen Feuer bewundern. Es versetzt uns in eine andere Zeit und gibt uns dabei ein Gefühl der Zufriedenheit und Zuversicht. Schon vor rund einer Million Jahren zähmten die Menschen das Feuer und bewachten es, damit es nicht ausgehen möge. Solange das Feuer unter Kontrolle ist, können wir seine liebende, schmeichelnde Seite kennenlernen. Es wärmt und schenkt uns Licht, aber nicht nur das, wir benötigten es, um unsere Nahrung zuzubereiten. Gerät es außer Kontrolle, bleibt am Ende meist nur Asche. Es kann verheerende Folgen haben, ganze Wälder ausrotten. Und doch wird die Erde durch die Asche fruchtbar, bringt neues Leben hervor.

FEUER STEHT FÜR AKTIVITÄT UND KRAFT.

Man spricht vom Feuer der Liebe und der Leidenschaft oder vom lodernden Zorn und brennendem Hass. So kann Feuer dein bester Freund oder dein schlimmster Feind sein. Je nachdem, ob du es zähmen kannst – oder nicht. Es symbolisiert Sexualität, aber auch den Kampf, Temperament, Vitalität und Willensstärke. Fehlt die Antriebskraft im Leben, so hat das innere Feuer zu wenig Nahrung, denn Feuer kann sich nicht selbst nähren. Es benötigt Brennstoff und Sauerstoff, sonst erlischt es. **DAS WORT "BURN-OUT" BESCHREIBT DAS ERLÖSCHEN DES INNEREN FEUERS SEHR GUT.**

Beim Burn-out hat man für etwas gebrannt, man war voller Begeisterung und Energie. Doch irgendwann ging die Luft aus, und so ist das innere Feuer erloschen. Es hat mehr verzehrt, als zugefügt wurde, und konnte nicht mehr aufflackern. Doch ohne Feuer fehlt das Licht. Ohne Licht verliert alles an Farbe, wird grau und trostlos. Wer es aber schafft, das innere Feuer weiterzugeben, auch in anderen einen Funken zu entzünden, motiviert und begeistert und sprüht vor Energie.

Feuer war immer schon Bestandteil großer Feste und Rituale. Der Rauch wurde als Nahrung der Götter bezeichnet, und Feueropfer waren nicht selten. Böse Geister, Unheil und Krankheiten sollten so vertrieben werden, die Umgebung gereinigt, Gedanken geklärt werden.

9. Rauhnacht

SEPTEMBER

DIE NEUNTE RAUHNACHT SPIEGELT DAS GOLDENE LICHT.

Eine Meditation mit einer Kerze kann helfen, das Licht einzuladen und es in die einzelnen Monate fließen zu lassen. Jeder Monat soll erfüllt werden mit vollkommenem Licht. Es geht darum, das eigene Licht leuchten zu lassen und dieses in die Welt zu tragen. Das Licht hat eine enorme Kraft, es leuchtet in der Dunkelheit, so dass man sehen und etwas erkennen kann. Das Licht symbolisiert deine eigene innere Kraft und soll Klarheit bringen. Ein Zeichen für Frieden, das in der Stille in die Welt getragen werden kann.

Diese Nacht steht für den September, den Erntemonat. Das Erdzeichen Jungfrau und der Planet Merkur begleiten diese Nacht und stehen für Ordnung und Sorgfalt, für Reinigung und Geduld.

Wacholder, Beifuß, Holunderblüten, Kornblume und Zimt können geräuchert werden.

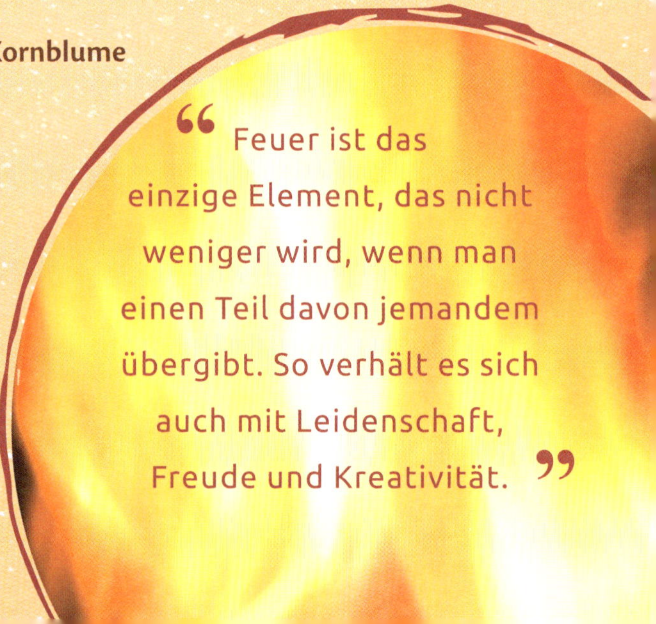

Das habe ich heute erlebt:

Ich erkenne mein inneres Leuchten und trage es in die Welt.

Das sind meine Stärken und Fähigkeiten:

Davon habe ich in der Nacht
oder während der Meditation geträumt:

Diese Gefühle verbinde ich mit diesem Traum:

Notizen im September

Lichtvoll

In stürmischen Zeiten ein Feuer zu entfachen, ist gar nicht so einfach. Wind bläst das kleine Fünkchen rasch wieder aus und lässt nur die Asche zurück. Es braucht einen Schutz. Die Hand hält schützend den Wind ab, und das Feuer wächst, es braucht aber noch immer Schutz, sonst wird es einfach ausgeblasen. Doch die Hand reicht nicht mehr aus, der Schutz muss größer werden und den Wind abhalten. Ein paar Steine vielleicht.

Das kleine Feuer braucht Nahrung, sonst geht es aus. Nimm trockenes Holz, denn frisches Holz erzeugt zu viel Rauch, beißt in den Augen, nimmt dir die Luft zum Atmen.

Es knackt manchmal leise, manchmal laut. Funken sprühen, können auch an anderen Orten ein Feuer entfachen.
Das Feuer kann jetzt wachsen, und der Wind, der zuvor bedrohlich für das kleine Feuer war, treibt es nun voran, nimmt es mit, lässt es wachsen.
Es brennt lichterloh und ist von weitem zu sehen. Es erhellt die Nacht.
Kontrolliere es, zügle es, halte es unter Kontrolle. Gib ihm Nahrung, es wird auch dich nähren.

10. Rauhnacht

OKTOBER

IN DER ZEHNTEN RAUHNACHT BEGEGNEN WIR UNSEREN VISIONEN. Jeder Moment birgt die Chance einer Veränderung. Wir leben hier und jetzt. Mit beiden Beinen stehen wir fest im Leben, nur so können wir unsere Visionen und Träume verwirklichen. Diese Rauhnacht hilft uns, uns mit unseren Visionen zu verbinden, denn wir haben die Aufgabe, unsere Schätze in der Welt zu zeigen und sie dadurch schöner und friedlicher zu machen. Wir können aufschreiben, welche Veränderung wir herbeiführen möchten. Wohin unsere Energie im kommenden Jahr fließen soll.

Diese Nacht steht unter dem Einfluss des Luftzeichens Waage und des Planeten Venus. Sie trägt die Energie der Freundschaft und Harmonie, der Erotik und Ästhetik in sich. Die schönen Dinge des Lebens rücken in den Vordergrund.

Es kann mit Wacholder geräuchert werden.

Ich bin mit beiden Beinen fest verankert, damit ich meine Träume leben kann.

Das habe ich heute erlebt:

> „Veränderungen erfordern oft großen Mut, denn am Anfang bringen sie vor allem Chaos ins Leben."

Diese Situationen möchte ich verändern:

10

Davon habe ich in der Nacht oder während der Meditation geträumt:

Diese Gefühle verbinde ich mit diesem Traum:

Notizen im Oktober

11. Rauhnacht

NOVEMBER

DIE ELFTE RAUHNACHT läutet bereits das Ende der Rauhnächte ein. Es geht um **LOSLASSEN UND ABSCHIEDNEHMEN**. Man kann sich fragen, wie offen man für Neues ist und welche Dinge man hinter sich lassen, loslassen möchte.

Diese Nacht ist dem November gewidmet, dem Monat, der die Natur auf die Winterruhe vorbereitet. Auch die Rauhnächte neigen sich dem Ende zu, Zeit, sich seine Notizen und Gedanken anzusehen und alles Revue passieren zu lassen. Welche Themen wiederholen sich und kommen immer wieder ans Licht? Welche Ziele sollen weiterverfolgt werden? Und was kann nun endgültig losgelassen werden? Gibt es negative Gedanken, die noch bereinigt werden sollten? Ist etwas nicht gut verlaufen? Nimm diese Punkte im Geiste auf und umhülle sie mit Liebe. Vielleicht hilft es auch, diese Punkte dem Feuer zu übergeben.

Diese Nacht trägt die Energie des Wasserzeichens Skorpion sowie die des Planeten Pluto in sich. Diese Energie ist leidenschaftlich und steht für Transformation und Heilung, sie trägt Macht und Zerstörung in sich, aber auch Visionen und Chancen.

Räuchermischung: Lindenblüten, Zitronenverbene und Kornblume

„Es muss nicht immer eine ganze Tür sein, die jemand für dich öffnet. Manchmal reicht ein Fenster und du spürst den frischen Wind, der von draußen hereinkommt und dich belebt."

11

Das habe ich heute erlebt:

Das lasse ich nun endgültig hinter mir:

Das sind meine Ziele:

11

Davon habe ich in der Nacht oder während der Meditation geträumt:

Ich lasse los und mache Platz für all die positiven Situationen, die mich im kommenden Jahr erwarten.

Diese Gefühle verbinde ich mit diesem Traum:

Notizen im November

Zeit und Raum

Wir können unser Leben nur nach vorne leben, und auch die Zeit kennt nur diese eine Richtung. Sie lässt sich nicht zurückdrehen oder gar anhalten. Konstant laufen die Sekunden, Minuten und Stunden, die Jahre an uns vorbei. Am Ende geht es nur darum, was wir daraus gemacht haben. Das Zeitempfinden ist je nach Situation anders, und doch vergeht die Zeit eigentlich immer gleich. Manche Dinge brauchen Zeit und müssen reifen, ein guter Wein beispielsweise braucht Jahre, um seinen Geschmack zu entfalten. Er verändert sich.

Auch wir durchlaufen Veränderungen, denn das kann die Zeit sehr gut. Sie verändert Dinge, lässt sie altern oder reifen, sich entfalten und verwandeln. Die Zeit hat aber nicht die Kraft, Wunden zu heilen. Wir gewinnen jedoch Abstand und können das Ganze aus einer anderen Perspektive betrachten. Wir verändern also den Blickwinkel, werden zum Beobachter. An der Wunde oder der Narbe arbeiten müssen wir aber selbst. Wir müssen wieder lernen, aktiv zu werden, wir müssen Schubladen und Türen öffnen und die Vergangenheit betrachten, dann können Wunden heilen.

Wir können diesen Prozess ausweiten für Themen, die uns alle betreffen. So können wir die Welt mit der Zeit verändern.

12. Rauhnacht

DEZEMBER

DIE ZWÖLFTE RAUHNACHT IST DIE NACHT DER WUNDER.
Es geht darum, ins Vertrauen zu kommen. Alles im Leben hat einen Sinn.

Die Zeitqualität ist dem Dezember zugeordnet, der einer der dunkelsten Monate des Jahres ist, der Abschluss. Doch er bringt auch viel Lichtvolles mit sich. Durch die Adventszeit und das Weihnachtsfest ist vieles erleuchtet, und auch die Tage werden ab dem 21. wieder länger, das Licht kommt zurück.

Der Zeitpunkt ist gekommen, um den letzten der 13. Wünsche zu öffnen. Die Botschaft ist sehr eindrücklich und kann zu wundervollen Veränderungen im Alltag führen, denn dieser Wunsch muss aktiv angegangen werden. Vertraue, dass sich um die restlichen deiner Wünsche gekümmert wird und dies zu deinem Besten geschieht. Den letzten der 13 Wünsche bewahrst du zusammen mit deinen gesammelten Schätzen und Symbolen auf und nimmst ihn von Zeit zu Zeit im neuen Jahr heraus, um zu überprüfen, ob der Weg dorthin noch stimmig ist oder ob sich der Wunsch bereits erfüllt hat. Am Abend, nach der letzten Räuchermischung, lässt man den Wind ins Haus. Der Wind steht für Glück und Segen und soll die Räume durchdringen.

Diese Nacht trägt die Energie des Feuerzeichens Schütze und die Planetenenergie des Jupiters in sich. Diese Energie handelt von Glück und Erfolg, von Reichtum und Weisheit.

Räucherwerk: Wacholder, Mistel, Beifuß, Harz, Weihrauch

12

Das habe ich heute erlebt:

Das schenkt mir Hoffnung:

So könnte ich mir meinen 13. Wunsch erfüllen:

Mein Leben ist sinnvoll. Meine Taten und meine Worte bewirken Wunder.

12

Davon habe ich in der Nacht oder während der Meditation geträumt:

Diese Gefühle verbinde ich mit diesem Traum:

Notizen im Dezember

12

“Glaub an
die Wunder,
sie kommen zu dir,
betrachte die Natur …
Ist sie nicht
wundervoll?”

Tipps zum Räuchern in den Rauhnächten

Wer Kräuter im Garten hat oder sich beim Sammeln in der Natur sicher ist, kann die geernteten Kräuter auch für Räucherungen verwenden. Hier darf man seiner Intuition vertrauen; was man “nicht riechen kann”, sollte man auch nicht räuchern. Die getrockneten Kräuter können entweder zerbröselt werden oder als Ganzes auf die Räucherkohle gegeben werden. Besonders hübsch sehen Räuchermischungen mit Blütenanteil aus.

Man kann aber aus den leicht angetrockneten Kräutern auch Räucherbündel wickeln. Sie sehen sehr schön aus und eigenen sich vor allem für Räucherungen im Freien. In der Wohnung ist damit etwas mehr Vorsicht geboten, da glühende Teile abfallen können. Für die Räucherbündel nimmt man ca. acht Triebe der gewünschten Pflanzen und umwickelt diese mit großblättrigen Pflanzenteilen, beispielsweise mit Weinblättern, Salbei- oder Basilikumblättern. Dann nimmt man einen Baumwollfaden (wichtig ist, dass dieser tatsächlich nur Baumwolle enthält und kein Polyester, denn Baumwolle brennt, Polyester schmilzt), wickelt ihn eng um das Bündel und hängt es dann luftig, aber lichtgeschützt auf, bis es getrocknet ist. Das dauert etwa zwei Wochen. Danach kann das Bündel innerhalb eines Jahres verräuchert werden.

Beim Räuchern geht es um eine bewusste Zeit, die man sich nimmt. Es gibt auch keinen falschen Zeitpunkt, man darf sich selbst dabei Vertrauen schenken. Folgende Gegebenheiten und Situationen könnten ein Grund für eine Räucherung im Laufe des Jahres sein:

- Wenn dicke Luft herrscht, egal ob nun durch schlechte Gerüche oder Streit.
- Wenn man gestresst von der Arbeit nach Hause kommt.
- Wenn man keine Ruhe findet.
- Wenn man eine tiefe Traurigkeit verspürt.
- Nach Trennung, Tod oder Abschied.
- Wenn man einen Neubeginn fokussieren möchte.
- Bei einem Umzug.
- Zur Reinigung, gern auch nach einem ausgiebigen Frühjahrsputz.
- Bei Krankheit.
- Bei Meditationen.
- Für spirituelle Rituale.
- Als Brauchtum.
- Als Ritual bei wichtigen Ereignissen im Leben wie Geburt oder Hochzeit.
- Für das allgemeine Wohlbefinden.
- Für sinnliche Stunden oder eine Liebesnacht.
- Bei Herzenswünschen.

Kräuter	Sammelmonat	Verwendung in dieser Rauhnacht	Wirkung beim Räuchern
Beifuß	Juni bis Juli	7, 9, 12	starker Schutz, starke Reinigung
Holunderblüten	Mai bis Juli	8, 9	Loslassen, Abschied nehmen, Dankbarkeit, Platz für Neues
Johanniskraut	Juni bis August	1	Schutz, Verbesserung der Raumatmosphäre, beruhigend
Kornblume	Juni bis September	8, 9, 11	Schutz, beruhigend, Konzentration
Lavendel	Juli bis August	2, 3	klärend, beruhigend, Reinigung
Lindenblüte	Juni bis Juli	11	Reichtum, Schutz, befreiend
Mädesüß	Juni bis August	2, 3	Schutz, positiver Energiefluss, verbesserte Raumatmosphäre
Melisse	Mai bis Juni, am frühen Morgen	3, 7, 8	Herz öffnend, Stärke, Schutz
Rosenblüten	ab Mai, am frühen Morgen	2, 3, 5, 8	Herz öffnend, innerer Frieden
Rosmarin	Mai bis September	1	Konzentration, bringt neue Energie
Schafgarbe	ab Juni	1	Dankbarkeit, Wohlbefinden, Verbesserung der Raumatmosphäre
Salbei	Mai bis August	1, 2, 4, 6	Weisheit, Klarheit, Reinigung
Wacholder mit Beeren	ab September	1, 3, 9, 10, 12	Reinigung, Befreiung, Schutz
Zitronenverbene	Mai bis Oktober	6, 7, 11	Selbstbewusstsein, Zuversicht, Kreativität

Meine Gedanken zum Abschluss der Rauhnächte

Das hat mir gutgetan:

Das ist der Wunsch,
um den ich mich selbst kümmere:

Mein magisches Erlebnis:

Darüber denke ich nach:

Das möchte ich ändern:

Das fand ich besonders schön:

Das merke ich mir für die nächsten Rauhnächte:

Nimm das Büchlein das Jahr über immer mal wieder hervor. Trage ein, wenn sich einer deiner Wünsche erfüllt, und bedanke dich. Auch zu den einzelnen Monaten kannst du eine kleine Notiz machen. Was hat dich bewegt, was ist eingetroffen? Gibt es markante Veränderungen?

Ich wünsche dir ein wundervolles Jahr, mögen sich deine Wünsche und Träume erfüllen. Glaub an das Unmögliche und bleib im Vertrauen.

Deine Elisabeth Wölfel

Über die Autorin

Elisabeth Wölfel, geboren 1987, lebt in einem kleinen, idyllischen Ort in der Nähe von Zürich. Nach der Geburt ihrer Kinder öffnete sie sich immer mehr für sanfte Heilmethoden, wie die zahlreichen Anwendungsgebiete der Kräuterkunde oder das Räuchern mit heimischen Kräutern, das zudem ein weiterer Schritt war, sich der Spiritualität zu öffnen. Eines ihrer größten Anliegen ist es, altes Wissen von angstmachenden Mythen zu befreien, es modern zu verpacken und den goldenen Kern für alle zugänglich zu machen.

www.atelier-we.com

Bernd Martinschitz

Die lebendige Kraft der Berge

Das gemeinsame Wachsen von Mensch und Natur

Die magische Gebirgswelt ist schon tausendfach beschrieben worden. Doch nun lernen wir sie neu kennen und betreten terra incognita.

Bernd Martinschitz lässt uns teilhaben an der Kraft der Bergriesen. Er präsentiert Berge erstmals als lebendige Wesen mit eigener Historie sowie die gesamte Landschaft als vitales Feld, in das wir Menschen seit Urzeiten eingewoben sind und von dessen Energien wir profitieren können.

Ein einmaliger Reiseführer in das Lebendige der Natur und zu uns selbst.

196 Seiten, durchgehend farbig, broschiert
ISBN 978-3-89845-558-9 · € [D] 20,00

Georg Marutschke

Die Heilkraft der Wildkräuter

Viele Wildkräuter besitzen ungeahnte Heilkräfte. Georg Marutschke zeigt, was sie alles können. Seine Portraits der 25 wichtigsten Heilkräuter beschreiben, wo diese zu finden sind, wann und wie man sie erntet, wie sie verarbeitet werden und gegen welche Krankheiten sie helfen.

Schmackhafte Rezepte für das Kochen mit Wildkräutern runden das Buch ab.

Für alle, die sich wieder auf die Natur und ihre Ursprünglichkeit besinnen wollen, ein praktisches Kräuter-, Koch- und Heilbuch.

208 Seiten, farbig, broschiert
ISBN 978-3-89845-479-7 · € [D] 8,00

Bettina Schmidt

Der spirituelle Kräutergarten

Wesen und Seele unserer Heilpflanzen

Die Heilpraktikerin Bettina Schmidt offenbart uns die magischen, kulinarischen und medizinischen Eigenschaften der Kräuter. Sie ermuntert uns dazu, einen Kräutergarten anzulegen und hilft uns bei der Planung und Durchführung.

Lernen Sie die positiven Eigenschaften der Kräuter kennen und erfahren Sie, wie Sie diese einsetzen. Viele Rezeptvorschläge für das Kochen mit Kräutern machen Lust auf die frische Kräuterküche. Praktische Anwendungsmöglichkeiten bei Erkrankungen helfen Ihnen, eine wirkungsvolle Hausapotheke zu schaffen.

192 Seiten, broschiert
ISBN 978-3-89845-427-8 · € [D] 12,95

Claudia Knüppel

Elfen öffnen Herzen

Farbenfroh ist der Zauberwald, in den uns die Künstlerin Claudia Knüppel einlädt, und es wimmelt hier von Naturgeistern, die uns geheimnisvoll, anmutig oder auch frech aus dem schillernden Reich der Fantasie zuwinken.

Wunderbar dargestellte Geistwesen, die tief empfundene Botschaften aussenden als Rat, als Trost oder als Hoffnung für all die, die den Glauben an und den Kontakt zu den lichten Welten des wenig Sichtbaren nicht verloren haben.

47 farbige Herzkarten, in Herzbox
EAN 42600-7528-003-5 · € [D] 16,00

Mark Mathew Braunstein

MicroGreen Küchengarten

Sorten – Aufzucht – Rezepte

Microgreens, die zarten jungen Keimlinge von Kräutern, Gemüse, Bohnen, Samen und Kernen, begeistern mit ihrem intensiven Aroma. Noch dazu enthalten sie vier- bis sechsmal so viele Vitamine und Phytochemikalien wie die reifen Pflanzen!

Mark Mathew Braunstein verrät Ihnen alles, was Sie wissen müssen, um Microgreens einfach und günstig zu Hause zu ziehen. Jeder Aspekt dieser einzigartigen Form des »Küchengartens« wird in diesem umfassenden Ratgeber erläutert, der auch ein Verzeichnis von fast 50 Microgreens mit der Beschreibung von Aromen, speziellen Bedürfnissen und vielem mehr enthält.

208 Seiten, durchgehend farbig,
mit vielen Fotos, broschiert
ISBN 978-3-89845-612-8 · € [D] 18,00

Helena Koch

Stärke deine Seele mit den 12 Baumenergien

Helena Koch zeigt uns, wie wir den Bedürfnissen unsere Seele Achtsamkeit schenken können. Der Weg dahin ist eine Mischung aus den zwölf Lebensprinzipien der Bäume, der Numerologie und der Farben. Die Autorin hat dazu den Seelenstern entwickelt, der uns auf Zusammenhänge aufmerksam macht, welche zwischen unseren Erlebnissen in der Außenwelt und unserem innersten Empfinden bestehen. Durch ihn lernen wir, mit unserer Seelenkraft zu kommunizieren, ein Seelenverständnis zu entwickeln, um zu einer feineren, tieferen Bewusstheit zu gelangen und ein Leben im Einklang zu führen.

192 Seiten, durchgehend farbig, broschiert
ISBN 978-3-89845-498-8 · € [D] 16,95